たま卵《らん》ごはん

~おひとりぶん簡単レシピ~

杏耶
AYA

はじめに

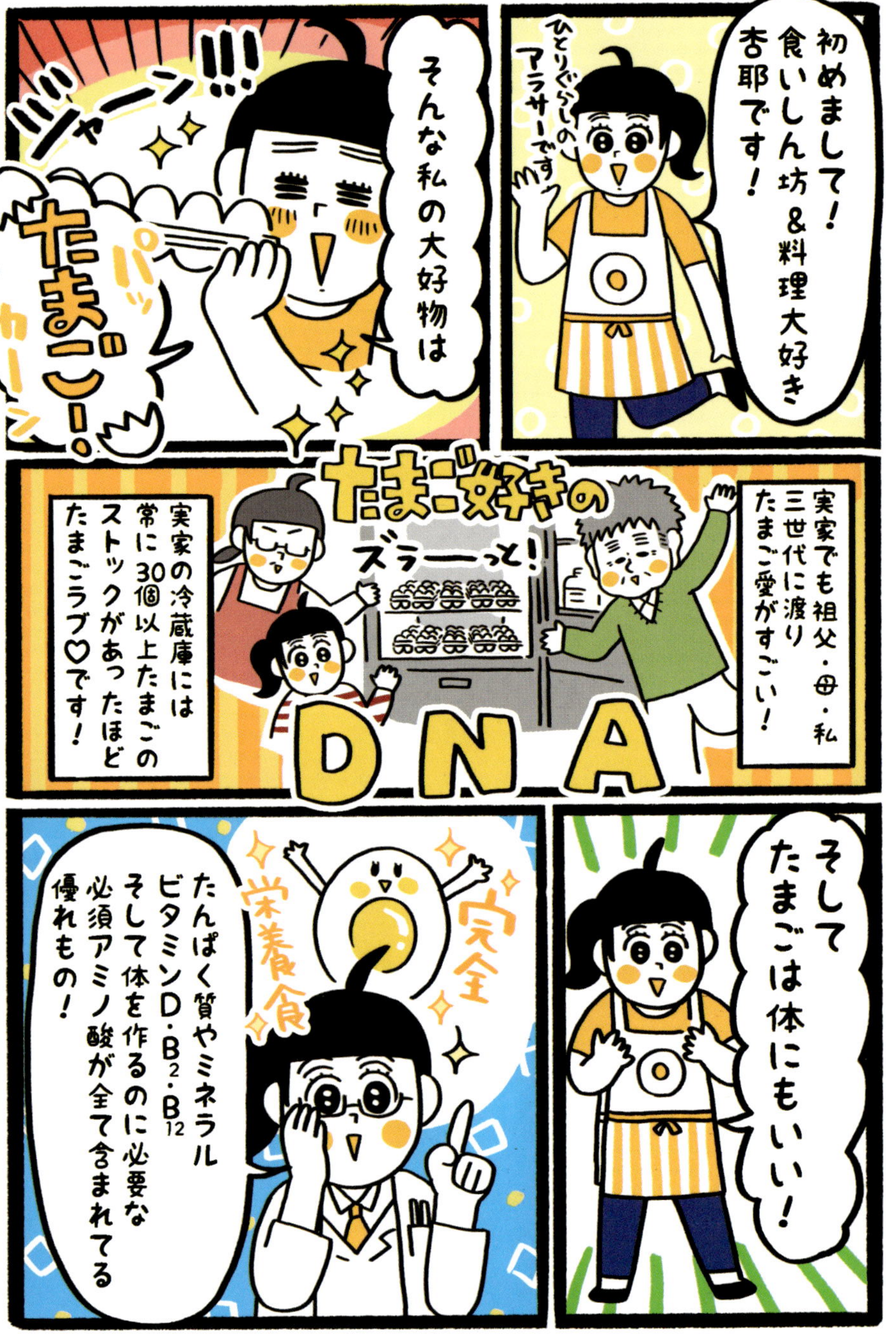

初めまして！食いしん坊＆料理大好き杏耶です！
ひとりぐらしのアラサーです
そんな私の大好物は
ジャーン!!!
たまご！
パッ
カーーン
たまご好きのDNA
実家でも祖父・母・私 三世代に渡りたまご愛がすごい！
ズラーっと！
実家の冷蔵庫には常に30個以上たまごのストックがあったほどたまごラブ♡です！
そしてたまごは体にもいい！
完全栄養食
たんぱく質やミネラル ビタミンD・B_2・B_{12} そして体を作るのに必要な必須アミノ酸が全て含まれてる優れもの！

そして!
たまごは
下ごしらえ不要で料理初心者も
扱いやすく上達しやすい!
焼きものや炒めもの
蒸しものや揚げもの
デザートまで
全て主役を張れる!
そんな私の大好きな
たまご料理をこの本では
ババババンっとご紹介したい
と思ってます!
まぁズボラなので
難しい料理は
できませんが…
でへへへ…
レッツ!
たまごライフ!

もくじ

はじめに　2

第1章　たまご＋ご飯・パン・めんで すぐできごはん

1　卵白をあなどるなかれ！　ふわしゃきレタスチャーハン　10
2　レンジであっという間のふわとろ親子丼　14
3　なつかしの味！　喫茶店のオムライス　17
4　おうちでピクニック気分！　ロコモコおにぎらず　20
5　2種のたまごがたまらん♡　ダブルタマゴサンド　23
6　パイ生地も生クリームも不要の食パンキッシュ　28
7　ダブルたまごで至福♪　明太釜玉うどん　31
8　たまごとチーズでシンプルに　カルボナーラ　34

たま卵コラム1　いつもの料理が大変身！　たまごソースレシピ　38

第2章　黄金色が輝く！　至福の朝ごはん

9　どっちを食べよう？　ナンバーワンたまごかけご飯ズ　42

10　うっとりとろり〜ん　黄身の白だし漬け　45

11　パンにも合う醤油味♪　たまらんトースト　48

12　バターたっぷりでリッチな味に！　スクランブルエッグ　51

13　夢ごこちの食感…　とろとろオムレツ　54

たま卵コラム2　卵白だけあまったら？　57

第3章　おうちでしっぽり…お酒のおつまみ

14　ちょっぴり醤油がアクセント　たまごポテサラ　60

15　バイトで培ったコツを伝授！　だし巻きたまご　63

16　かたゆで派のあなたに　たまごだけおでん　66

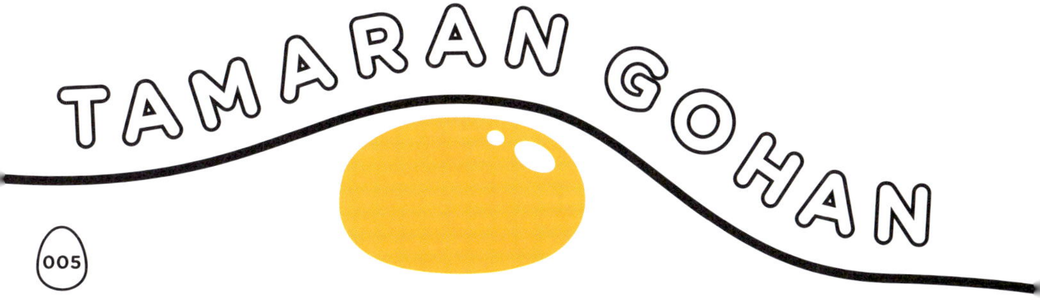

17 ゆでたまご入り★ スペシャルミートローフ 69
18 体の芯から温まる 絶品黄身ダレ鍋 72

第4章 おうちにある材料で！ 世界のたまごレシピ

19 おうちでインスタ映え！ エッグベネディクト 78
20 ふわふわ&ジューシー♪ 台湾風たまご餃子 83
21 しゃきしゃき野菜たっぷり バインセオ風たまご焼き 86

第5章 からだにやさしい！ ふわふわたまご料理

22 栄養たっぷり！ 茶碗蒸し 92
23 胃腸にやさしい トマたま雑炊 95

24 ひとり分土鍋であつあつ♪ たまごふわふわ 98
25 眠れない夜には エッグノッグ 102
たま卵コラム3 オススメたまごグッズ 105

第6章 難しいことぬき！ テク不要のとろけるスイーツ

26 フライパンですぐできる！ カスタードプリン 108
27 冷蔵庫にある材料で作れる なつかしのアイスクリーム 111
28 一晩寝かせて幸せおやつ♪ カステラ 114
29 可愛くデコして♬ イースターエッグ蒸しパン 118
30 バナナの甘みで満足度100％ バナナパンケーキ 121
INDEX 124

この本の きまり

◎基本的には1人分のレシピを紹介しています。2人分作りたい場合は分量を倍にしてください。
◎作りやすい分量とあるものは、2～3人分をめやすとしています。
◎電子レンジは600W、オーブントースターは1000Wをめやすとしていますが、仕上がりの様子を見ながら調節してください。
◎漫画の最後についている分量ページは、買い物の際にスマホや携帯のカメラで撮影しておくと買い忘れがなく便利です。
◎たまごは料理する前に冷蔵庫から出して常温に戻しておくのがおすすめ。

たま卵《らん》ごはん

第1章

たまご
＋
ご飯・パン・めんで
すぐできごはん

OHITORIBUN
KANTAN RECIPE

TAMARAN
GOHAN

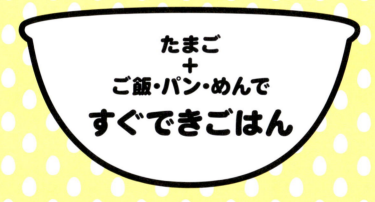

卵白をあなどるなかれ！

1 ふわしゃきレタスチャーハン

・・・
ん〜
たっぷり
卵白がまた余ってしまった…
黄味だけたまごかけ！
結構黄身だけで食べちゃうしな〜
いつもはメレンゲクッキーとか卵白だけのプリンとか作るけど甘いものは飽きちゃうし〜
美味しいんだケド
なんてったって今はお腹が空いてるんだ…
ぐるるっ
主食で卵白を消費できるレシピか…
よし！あれを作ろう！

炊飯器に米1合と水を1合分より5ミリ程度少なめに入れ ごま油・醤油各小さじ2 中華だしの素小さじ1を加え さっと混ぜて早炊きにする
炊飯が終わったら みじん切りにしたカリカリ梅8個 ちりめんじゃこ大さじ3 レタス4枚を 手でちぎり入れ混ぜ 4分程度蒸らす
ほあっ
これだけでも美味しいけど! 今回はグレードアップ!
ハンドミキサーすごく便利!!
まずは卵白2個分を泡立てメレンゲにします
水200mlを中火にかけ 中華だしの素小さじ1を入れて混ぜ 片栗粉小さじ1と水大さじ1を溶かした水溶き片栗粉を入れとろみをつける
ふわっ
ふわっ
そこにメレンゲを入れ切るように混ぜて
チャーハンにあんをかけ
とろぉ
完成!!
ふわシャキレタスチャーハン

ふわ
とろぉ〜〜
パク
つとなっ
もぐっ
あんがふわっと口の中で溶けた〜
チャーハンもパラパラであんによく絡む〜
卵白のあんのふわふわ
レタスのシャキシャキと
小梅のカリカリ
色んな食感があって
楽しい！
パッ！
卵白も調理次第で主役にできる！
みんなも作ってみてね♪

ふわしゃきレタスチャーハン

材料 (1人分)

●あん

卵白…2個分

水…200ml

中華だしの素…小さじ1

水溶き片栗粉

水…大さじ1

片栗粉…小さじ1

●チャーハン

米…1合

水…1合分より5ミリ程度少なめ

ごま油、醤油…各小さじ2

中華だしの素…小さじ1

カリカリ梅(種を取ってみじん切り)…8個

ちりめんじゃこ…大さじ3

レタス…4枚

2 レンジであっという間の ふわとろ親子丼

お腹は空いているが…
これを片付けてまた洗い物をするのはめんどい…
フライパン以外で作ろう！
ひと口大に切った鶏もも肉100g
薄切りにした玉ねぎ1／4個
醤油・砂糖各大さじ1
酒・みりん各小さじ2を耐熱皿に入れ
ラップをしてレンジで3分加熱する
たまご2個を溶きほぐし
半量を耐熱皿に加えふんわりラップをしレンジで更に1分加熱
最後に残りの溶きたまごを回し入れ30秒加熱しご飯にのせて
ふわふわにしたい場合はここで卵液を全部入れてください！
※その場合は3分加熱

ふわとろ親子丼
完成!!
とろおお
ふわとろ〜
んん〜♡
程よい甘辛さ〜
レンジで作ったとは
思えない仕上がり〜
焼き鳥缶をお肉の
代わりに使っても
絶品お手軽で
美味しいんだよね
次はゆっくり鍋で
作ってみよー
でもまずは
ごちそうさま
ふー…
そして……これ……
やるか…
ゴチャ

ふわとろ親子丼

材料（1人分）

たまご…２個
鶏もも肉…１００ｇ
玉ねぎ…1/4個
砂糖、醤油…各大さじ１
酒、みりん…各小さじ２

温かいご飯…丼１杯分
三つ葉（刻みのりでもＯＫ）…少々

3 なつかしの味！
喫茶店のオムライス

じー…
オムライス美味しそうだなぁ…
純喫茶
プリン
¥950
流行のふわトロも好きだけど
喫茶店の硬めのたまごのオムライスも大好き…
ふわっ
カチッ
食べたい…しかし…予算が…
スカッっと!!
うん！自分で作ろう！
温かいご飯1杯分に
ソーセージ（輪切り）3本
ミックスベジタブル 50g
ケチャップ大さじ2を
混ぜ バター5gをのせ
600Wのレンジで1分30秒チン
まぜ
まぜ
チン!!
追いケチャップを大さじ1入れ混ぜる
追加!!
POINT
風味がプラスされる！
たまご1個に水溶き片栗粉小さじ1を加えて混ぜる
しゃか
しゃか
水溶き片栗粉を入れると薄焼きたまごが破れにくくなるよ！
不器用な私は
いつも薄焼きが
破れて失敗してたけど
これは成功した！

フライパンにサラダ油小さじ1を薄く均一にひき 卵液を流し入れる
じゅううっ
トン
トン
表面が乾いたらケチャップライスを左側にのせ フライパンの柄を叩いて傾けながらお皿にスライドさせる
パタン
キュッっと
キッチンペーパーで形を整え
喫茶店のオムライス
ケチャップをかけて
完成!!
ふわっ
つやっ
もぐもぐ
うんうん! この硬めのたまごと甘めのケチャップライス
不器用でズボラな私でも薄焼きたまごが作れたのも満足
自宅にいながら気分は喫茶店!

喫茶店のオムライス

材料 (1人分)

●薄焼きたまご

たまご…1個
片栗粉、水…各小さじ1/2
サラダ油…小さじ1

●ケチャップライス

ソーセージ(輪切り)…3本
ミックスベジタブル…50g
温かいご飯…茶碗1杯分
ケチャップ…大さじ2+大さじ1
バター…5g

●つけ合わせ

レタス…1枚
トマト(くし形切り)…2切れ
ケチャップ…適量

4 おうちでピクニック気分！ ロコモコおにぎらず

パ
パ
パ
今日も始まりました！ ラジごはん〜
今日のレシピはピクニックにピッタリな「おにぎらず！」
お弁当の定番になってきたおにぎらず！断面がとってもキレイでカラフル！今の季節におすすめです
おにぎりより具がたっぷり挟めるので〜
それは…
作らなければなるまい
食いしん坊の名がすたるっっ
バーーン!!
フライパンにサラダ油少々を中火で熱し 合いびき肉50gを炒めケチャップ大さじ1とんかつソース小さじ2コショウ少々で調味する
じゅううう…
別のフライパンにサラダ油小さじ1を熱したまご1個を割り入れ白身が固まってきたら水大さじ1を加え蓋をして黄身が白っぽくなるまで焼く
パチ
パチ
ラップを大きめに広げ焼きのり1枚をのせ
ひし形に

温かいご飯茶碗1/2杯分↓ひき肉↓目玉焼き↓レタス1～2枚↓残りのご飯の順にのせる
ポン
ポン
ポン
具材を全てのせたらのりの角を中央に合わせて折る
上下の角も同様に折る
敷いていたラップで包み10分ほど置く
その間におかずも作っちゃお!
パパっと
ラップごと半分に切り…
ロコモコおにぎらず
完成!!
ついついピクニックに思いをはせてお弁当にしてしまった…
ボリュ～ミ～♡
甘辛ひき肉とたまごがあう～
ロコモコ丼弁当にしちゃうとぐちゃぐちゃになりそうだけどおにぎらずだと崩れなくてキレイ!

ロコモコおにぎらず

材料 （1人分）

●目玉焼き

たまご…1個

サラダ油…小さじ1

水…大さじ1

●甘辛ひき肉

合いびき肉…50g

ケチャップ…大さじ1

とんかつソース…小さじ2

サラダ油、コショウ…各少々

温かいご飯

…茶碗1杯分

焼きのり…1枚（全形）

レタス…1〜2枚

5 2種のたまごがたまらん♡ ダブルタマゴサンド

はらり
ん？
桜だ！
満開～
締め切りで外出てなかったから気づかなかった…
春だったか…
ハッ
明日はお弁当持ってお花見に来ようかな～
そうと決まればさっそく作らなきゃ！
よーしっ
まず今回用意するたまごの数は…
4個!!
なぜなら2種類のたまごサンドを作るから！
バーン

まずは厚焼きたまごサンド
保存容器にたまご2個
マヨネーズ小さじ2　牛乳小さじ1
コンソメスープの素・片栗粉各小さじ
1／2を入れてよく混ぜる
ラップなしで
600Wの電子レンジで2分
一度取り出して
もう1分
※一度に3分加熱すると爆発することがあるので注意
粗熱をとる
カチャ
マヨネーズ大さじ1と
からし・ケチャップ
各小さじ1／2を混ぜて
からしマヨネーズを作る
カチャ
からしマヨを塗った
食パン2枚に
ハム1枚↓厚焼きたまご↓
ハム1枚の順で挟む
キッチンペーパーに
包んで
お皿など重石を
のせる
ワクワク
よし次！
イキ
イキ

続いて たまごサンド
鍋にたっぷりの水を入れ
沸騰したらたまご2個入れ
7分ゆでて殻をむく
グッ
グッ
フォークでたまごを潰し
マヨネーズ大さじ2
ゆずコショウ小さじ1／2
砂糖ひとつまみを
入れ混ぜる
たくあんのみじん切り
とかを入れるのも
おすすめなんだよね〜
潰したたまごをたっぷり
食パン1枚にのせ
マーガリンやバターを
塗った食パンで挟む
ラップでパンを包み
重石をのせ5〜10分置き
たまごサンド完成！
お皿を反対にした
よし！
そろそろいいかな？
切るぞ〜

ラップの上から包丁を入れ力を入れないように切る
キレイ~
ランチボックスに詰めて完成
ダブルタマゴサンド
!
よし食べるぞ!
厚焼きたまごはからしがピリッとアクセントになってて美味しい~
たまごサンドのマヨゆずコショウもマッチしてる
いつもならすぐ食べ終わって寂しくなるけど…
うちにあと2切れあるんだよね~

ダブルタマゴサンド

材料 (1人分)

●厚焼きたまごサンド

たまご…2個
マヨネーズ…小さじ2
牛乳…小さじ1
コンソメスープの素、片栗粉
…各小さじ1/2

食パン…2枚
ハム…2枚

●からしマヨネーズ

マヨネーズ…大さじ1
からし、ケチャップ…各小さじ1/2

●たまごサンド

たまご…2個
マヨネーズ…大さじ2
ゆずコショウ…小さじ1/2
砂糖…ひとつまみ

食パン…2枚
マーガリンまたはバター…適量

6 パイ生地も生クリームも不要の 食パンキッシュ

お腹空いて ふと思い出した
この間お店で食べたキッシュ…
さすさす
でも生クリームもパイ生地も家にない…でも食べたい…
冷蔵庫にある材料で作ってみようかな!
シュタタッ
ベーコン5枚を短冊切りにする
サク
サク
ボウルにたまご3個を割り
ベーコン ピザ用チーズ50g
粉チーズ大さじ2
塩・コショウ各ひとつまみ
牛乳大さじ1 ほうれん草30g
しめじ50gを加え混ぜる
食パン5枚を麺棒で伸ばして
ミミをとるのがオススメ!!
バター大さじ1を塗ったフライパンに敷き詰め
卵液を流し入れ焼く
ふあああっ

蓋をして弱火で20分
串をさして中まで火が通ったのを確認したら
完成!!
食パンキッシュ
ズッシリ!
たまごとチーズの美味しさがギュッと詰まってる感じが最高!
パイ生地にも劣らないサクサク感!
次はトマトなんかも入れてみようかな!
お店に行かなくてもキッシュが食べられるなんて最高♡

食パンキッシュ

材料（作りやすい分量）

●キッシュ生地

たまご…3個
ベーコン…5枚
ほうれん草…30g
しめじ…50g
ピザ用チーズ…50g
粉チーズ…大さじ2
牛乳…大さじ1
塩、コショウ…各ひとつまみ

●パイ生地

食パン（ミミを取る）…5枚
バター…大さじ1

7 ダブルたまごで至福♪ 明太釜玉うどん

締め切り前でバタバタだ〜
やる事が多すぎる〜
ドタ
グゥ〜〜〜…
でもお腹がすいてきた・・
フラッ…
そんな時は忙しい人の味方！
冷凍うどん！
すぐに調理できて洗い物も少ない冷凍うどん！
今回はオススメの釜玉アレンジを紹介します！
まず明太子1本をほぐします
スプーンですするとラク！
ほぐほぐ
冷凍うどんを1玉電子レンジでチン
長芋10cmをすり下ろす
トロ
トロ
レンチンしたうどんにすりおろした長芋と醤油をかけます

たまご1個を割り入れ
ほぐした明太子をのせて
ダブルたまご!
明太釜玉うどん
最後に刻みのりを
散らして
完成!!
ズズズッ
んん~
明太子のピリ辛さと
たまごのまろやかさが
絶妙にマッチ!
つるんっ
そして長芋で
麺と他の具材が
絡み合って口の中が
幸せのオンパレード…
美味しい~
さぁ食べたし
たまごパワーも注入したし
仕事の続き頑張ろう!

明太釜玉うどん

材料 （1人分）

たまご…1個
明太子…1本
冷凍うどん…1玉
長芋…10ｃｍ
醤油、刻みのり…各適量

冷凍うどんは
パッケージの
表示通りに
解凍してね

8 たまごとチーズでシンプルに カルボナーラ

ついに
30代になりましたー！
楽しみにしてたんだ〜 三十路〜 どんな感じなんだろ〜
毎年誕生日は自分が好きなたまご料理を作ってるんだけど
去年は確か親子丼だったから〜
ん
今年は大好きなカルボナーラにしよ！
バーン
鍋に水1Lと塩大さじ1を入れて中火にかけて沸騰させスパゲッティをゆでる
ぐつ ぐつ
ゆで上がったらザルにあげてオリーブオイル大さじ1を絡める
たっぷり たっぷり

ベーコン50gを短冊切りにして
油をひかないフライパンで
両面こんがりと焼く
じゅうううぅっ
火を止めスパゲッティを加え
たまご1個 粉チーズ大さじ3
あらびき黒コショウを混ぜた
卵液をまわし入れ手早く混ぜる
カルボナーラ
全体的に絡んで
トロッとしたら
完成!!
ちゅるっ
ベーコンの脂と
チーズのコクと
たまごのまろやかさが
絶妙にマッチしてる〜
いい誕生日だ〜

カルボナーラ

材料（1人分）

たまご…1個
ベーコン…50g
粉チーズ…大さじ3
あらびき黒コショウ…少々

スパゲッティ…80g
塩、オリーブオイル…各大さじ1
水…1ℓ

卵液はとにかく
手早く絡めて！
余熱だけで
仕上げてね

AYA's MEMO

生たまごを割るコツ

テーブルやボウルのカドに
コンコンとぶつけて割ると
殻が混ざってしまう
ことがあるので
平面にぶつけるといいよ！

TAMARAN COLUMN-1

いつもの料理が大変身！

たまごソースレシピ

たま卵コラム

料理の主役にも名脇役にもなれるたまご！
今回は卵黄を使ったソースを紹介します。
卵白が残ったら、「卵白だけあまったら？」（P57）
を活用してみてね。

サーモンムニエル たまごソース

材料（1人分）

●ソース

- 卵黄…1個分
- マヨネーズ、オリーブオイル（ごま油でも）…各大さじ1
- 塩、あらびき黒コショウ…各少々

- サーモン…1切れ
- 塩、コショウ…各少々
- バター…10g
- ズッキーニ…1/2本

ソースに醤油を
小さじ1追加すると
タラなどの淡白な
魚にもぴったり！

作り方

1. ソースの材料をすべて混ぜ合わせる。
2. サーモンに塩、コショウをまぶす。ズッキーニは薄い輪切りにする。
3. フライパンにバターを中火で熱し、サーモンを両面こんがりと焼く。ズッキーニはしんなりするまで炒める。
4. 器にズッキーニ、サーモンを盛り、ソースをかける。

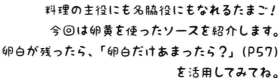

アスパラとじゃがいものたまごソース

材料 （1人分）

●ソース

- 卵黄…1個分
- 溶かしバター…5g
- オリーブオイル…小さじ2
- 塩…ひとつまみ
- あらびき黒コショウ…少々

アスパラガス…1束
じゃがいも…2個分

作り方

1. ソースの材料をすべて混ぜ合わせる。
2. アスパラガス、じゃがいもをゆでて器に盛り、1をかける。

ブロッコリーやにんじんなど
他の温野菜にも合うよ！

トンテキのたまごソース

材料 （1人分）

●ソース

- 卵黄…1個分
- 醤油…小さじ1
- みりん…小さじ1/2
- コショウ…適量

豚ロース肉…1枚
にんにく（すりおろし）、
薄力粉…各小さじ2
塩、コショウ…各少々
サラダ油…小さじ1
せん切りキャベツ…適量

作り方

1. 豚肉に塩、コショウ、にんにく、薄力粉をまぶす。
2. サラダ油を熱したフライパンで、1を両面こんがりと焼く。
3. ソースの材料をすべて混ぜ合わせて2にかけ、せん切りキャベツを添える。

牛肉や鶏肉とも
相性バッチリの
和風ソース♡

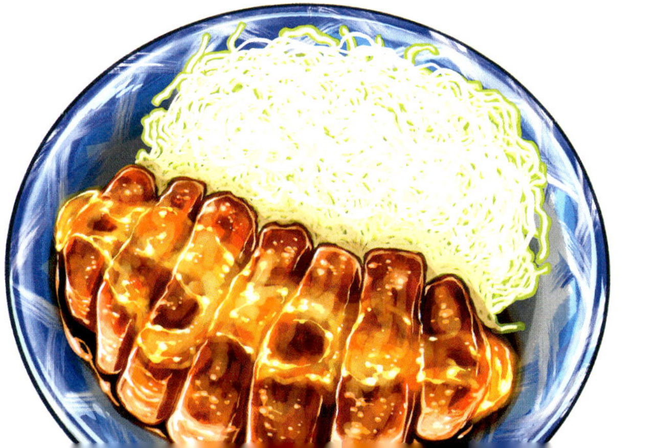

たま卵《らん》ごはん

第2章

黄金色が輝く！

至福の朝ごはん

OHITORIBUN
KANTAN RECIPE

TAMARAN
GOHAN

9 どっちを食べよう？
ナンバーワンたまごかけご飯ズ

私は
たまごとお米が好きです
そう！たまごかけご飯が大好き！
パァァァァ!!
簡単美味しいアレンジは無限大！
ズボラーには神様みたいな食べ物…
今日はオススメのアレンジを2品ご紹介！
たぬきたまごかけごはん
天丼みたいでおいしい！
かけるのはめんつゆ
青のりとかかけるのもオススメ！
てんかす
万能ネギ

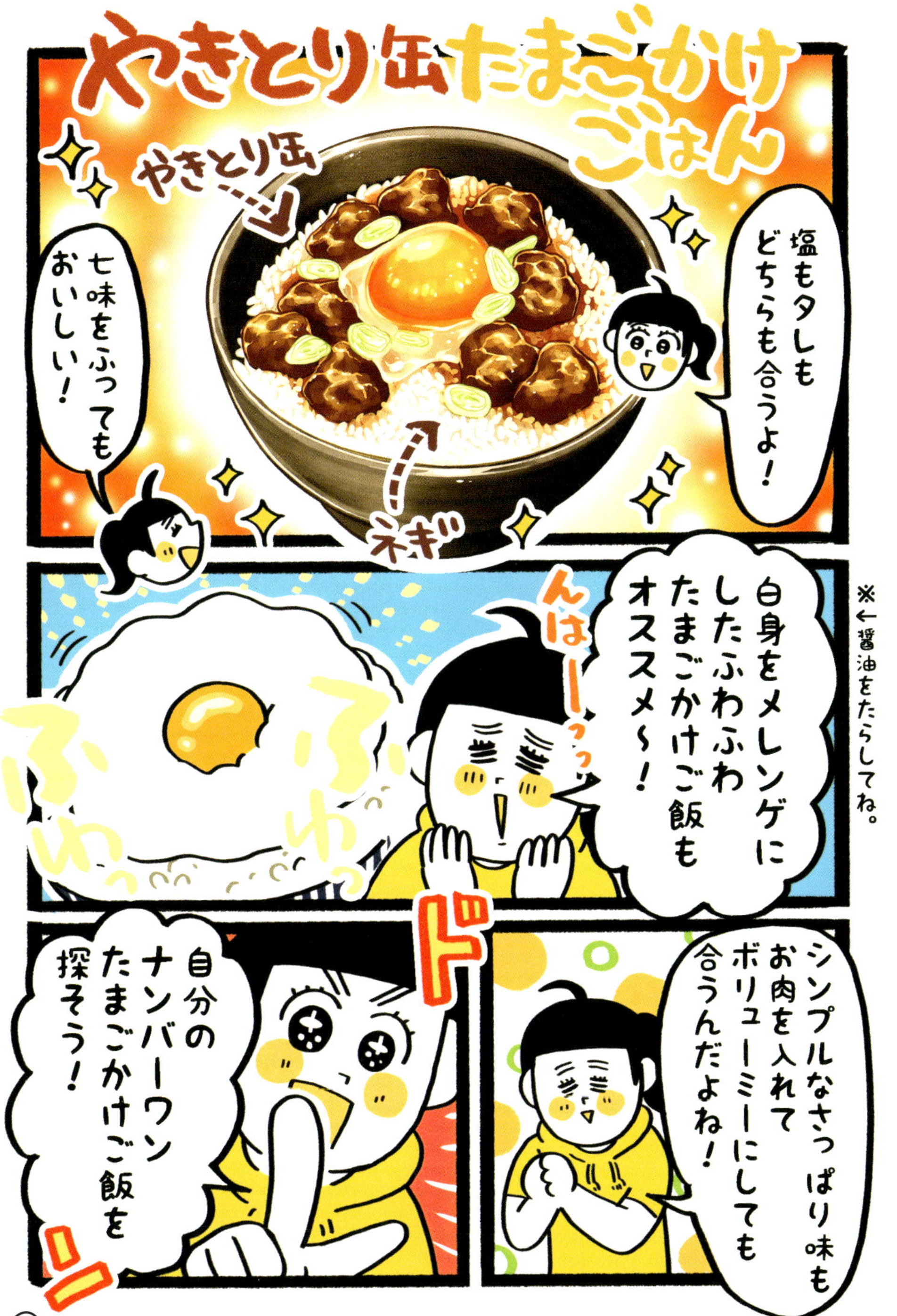
やきとり缶たまごかけごはん
やきとり缶
ネギ
塩もタレもどちらも合うよ！
七味をふってもおいしい！
※←醤油をたらしてね。
白身をメレンゲにしたふわふわたまごかけご飯もオススメ〜！
んはーーっっ
ふゆっ
ふゆっ
シンプルなさっぱり味もお肉を入れてボリューミーにしても合うんだよね！
ド
自分のナンバーワンたまごかけご飯を探そう！
ー

ナンバーワン たまごかけご飯ズ

たぬき たまごかけご飯

材料（1人分）

たまご…1個
天かす…10g
万能ねぎ（小口切り）、
めんつゆ（ストレート）…各適量
温かいご飯…茶碗1杯分

焼き鳥缶 たまごかけご飯

材料（1人分）

たまご…1個
焼き鳥の缶詰…小1缶
温かいご飯…茶碗1杯分
長ねぎ（小口切り）…適量

10 うっとりとろり〜ん
黄身の白だし漬け

ん゛っ゛
今この家にたまごが30個ある！
いつもの癖でたまごを買いすぎてしまった…
ついついたまごの安売りだと多く買っちゃうんだよね〜
たまごLサイズ 10個100円
よし！いつものアレ作っちゃいますか！
市販の白だしに黄身を入れて冷蔵室で一晩おくだけ
たまごの黄身1個分に対して白だし50ml
次の日
黄味の白だし漬け完成!!
私はまとめてタッパーで作りますが1個ずつでも作れます！
ラップをかけてね

最高の朝ごはんのお供だ…
まずはこれを炊きたてのご飯の上に乗せて…っと
つるん…
ほかぁ
とろおっ
コクうまぁ〜!
醤油漬けほどしょっぱすぎず めんつゆほど甘すぎない まろやかなまったり感が たまらな〜い
うっとり…
ついつい買いすぎちゃうのも このせいかもなぁ〜
う〜〜ん
止まらない〜

黄身の白だし漬け

材料（1人分）

たまごの黄身…1個分
白だし…50ml

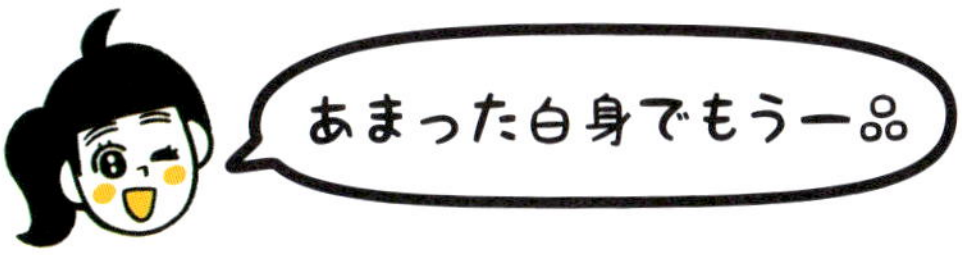

冷製中華風スープ（1人分）

作り方

1. 鍋に水250ml、中華だしの素小さじ1、塩少々を入れて中火にかける。
2. 煮立ったらたまごの白身1個分を混ぜながら加え、すぐに火を止める。
3. 粗熱を冷ましてボウルに移し、冷蔵庫で1時間ほど冷やす。
4. 器に盛り、さっと下ゆでした青菜（ほうれん草、小松菜など）40gを入れる。

11 パンにも合う醤油味♪ たまらんトースト

あっ…
あ！お米切れちゃった！
はえぬき
ぐるる
たまごかけご飯みたいにパッと作れるものが良かったんだけどなぁ
お米はないがパンはある…
あるものでどうにかしてみよ！
ギュ
ギュ
パンの中心を軽く押してくぼみを作る
ツナ缶のオイルをきり マヨネーズ大さじ2 醤油小さじ1を入れ混ぜる
パカ
パンの周りに土手のようにのせ中心にたまご1個を落とす
あらびき黒コショウ少々をふって
チン
トースターで7分〜10分

※焦げそうになったら途中でアルミホイルをかぶせて下さい。

白身が固まったら
ドライパセリを
ふって
たまらん
トースト
完成!!
サクミ
パァァ
んまぁ
ツナとマヨと醤油は
はずなさい
トリプルメンバーだなぁ
半熟の黄身も
いい感じ…
たまらん〜
醤油の代わりに
アンチョビも
合いそう！
アボカドとかも
のせたいなぁ
Perfect
Egg!!
お米にもパンにも
合うからやっぱり
たまごは最高だなぁ

たまらんトースト

材料（1人分）

たまご…1個
食パン…1枚
ツナ缶…小1缶
マヨネーズ…大さじ2
醤油…小さじ1
あらびき黒コショウ、ドライパセリ…各少々

12 バターたっぷりでリッチな味に！
スクランブルエッグ

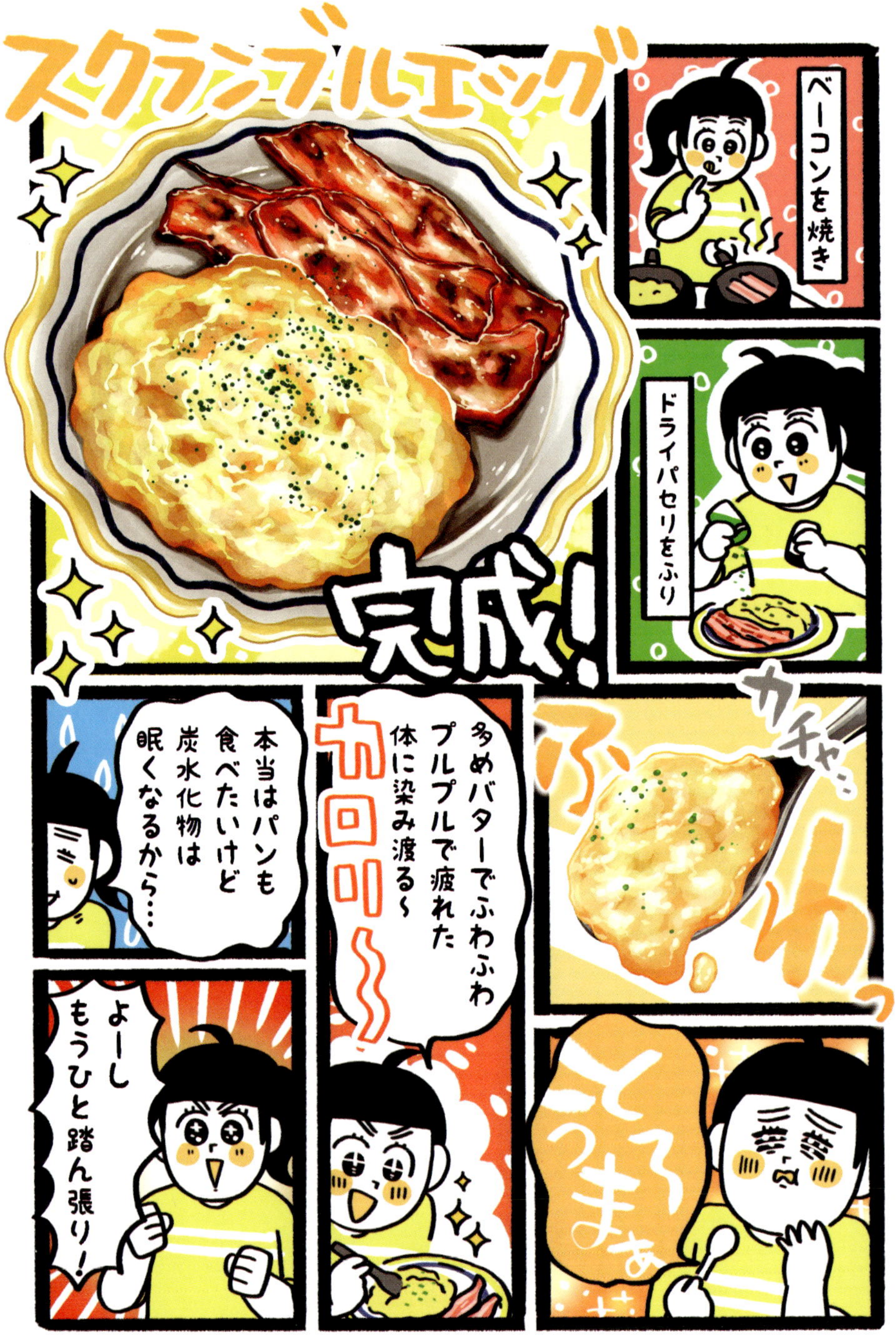
スクランブルエッグ
ベーコンを焼き
ドライパセリをふり
完成!
カチャ…
ふわっ
多めバターでふわふわ
プルプルで疲れた
体に染み渡る〜
本当はパンも
食べたいけど
炭水化物は
眠くなるから…
とろ〜うまぁ
カロリ〜〜
よーし
もうひと踏ん張り!

スクランブルエッグ

材料 (1人分)

たまご…2個
牛乳…大さじ2
塩、コショウ…少々
バター…10g
ドライパセリ(あれば)…少々

●つけ合わせ

ベーコン…4枚
※油をひかないフライパンでカリカリになるまで焼く

卵液はフォークを
使うと黄身と白身が
しっかり混ざって
なめらかに!

13 夢ごこちの食感…
とろとろオムレツ

ぐっ
無性にオムレツが食べたい!
ぬぬっ
給食で出てきた懐かしい甘めのオムレツもいいなぁ～
中にケチャップが入ってるやつ!
ホテルの朝食に出てくるとろとろも捨て辛い…
ん～
決めた!今日はとろとろオムレツを作るぞ!
パァーー
たまご3個とマヨネーズ大さじ2塩ひとつまみを混ぜる
白身のコシを切ってトロンとさせるのがポイント!
とろんっ
バター10gを熱したフライパンに流し入れて素早くかき混ぜる
ジャーーッ!

パタン
たまごが半熟状態になったらフライ返しで1/3を余らす感じで折りたたむ
すぐに火を止めて一回転させる
くるっと
とろとろオムレツ
完成！
なぜとろとろかと言うと…
カチャ…
トロ〜ッ
マヨネーズの力なんだよね！
シンプルだけど時々無性に食べたくなる〜
モグモグ
ケチャップやデミグラスソースももちろん合うよ！

とろとろオムレツ

材料 （1人分）

たまご…3個
マヨネーズ…大さじ2
塩…ひとつまみ
バター…10ｇ

●つけ合わせ
アスパラガス（根元を落とす）…８本
ソーセージ…３本
※サラダ油少々を熱したフライパンで焼き、アスパラに塩・コショウをふる

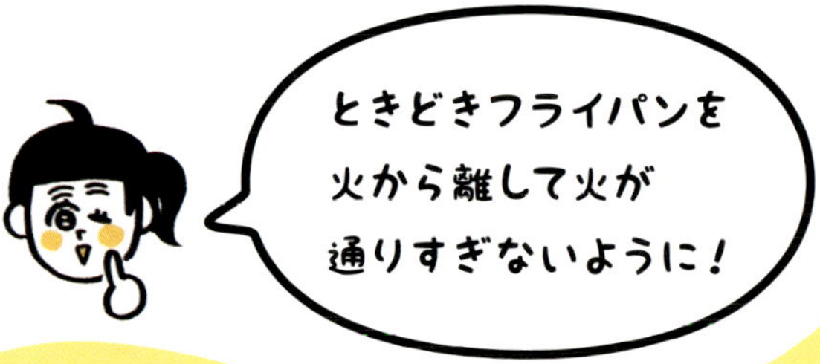
ときどきフライパンを
火から離して火が
通りすぎないように！

たま卵コラム

TAMARAN COLUMN-2

卵白だけあまったら？

卵白だけ残ったら捨ててませんか？
そんなのもったいなさすぎる!!
卵白をおいしく消費できるレシピを2品紹介します♪

マシュマロ

材料（作りやすい分量）

卵白…2個分
砂糖…120g
水…60ml
ゼラチン…15g
片栗粉…適量
チョコペン（あれば）…適量

作り方

1. 鍋に砂糖、水を入れて中火にかけ、砂糖が溶けたら火を止める。熱いうちにゼラチンをふり入れて溶かす。
2. 卵白はハンドミキサーでメレンゲ状に泡立てる。
3. 2に1を3回に分けて入れ、さっくりと混ぜる。
4. バットに片栗粉を敷き、3を流し入れ、お好みでチョコペンで絵を描き、冷蔵庫で1時間ほど冷やし固める。
5. 包丁で切ったり型抜きをする。

ふわふわお好み焼き

材料（1人分）

卵白…2個分
キャベツ…1枚
A
- 薄力粉…大さじ2
- 醤油…小さじ1
- 水…小さじ2
- 和風だしの素…小さじ1/2

サラダ油…適量
お好み焼きソース、マヨネーズ、かつお節、青のり…各適量

作り方

1. キャベツはせん切りにして、卵白、Aを加えて混ぜ合わせる。
2. フライパンにサラダ油を中火で熱し、1を流し入れて両面をこんがりと焼き、器に盛って、お好み焼きソース、マヨネーズ、かつお節、青のりをかける。

たま卵《らん》ごはん

第3章

おうちでしっぽり…
お酒の
おつまみ

OHITORIBUN
KANTAN RECIPE
TAMARAN
GOHAN

14 ちょっぴり醤油がアクセント たまごポテサラ

仕事も終わったし
今日は飲みに行こうかなぁ〜
ん゛ーっ
カ
ラッ
ヒュ、
お……っと
パカッ…
お酒も材料もある…っと
よし！今日は宅飲みだ！
半熟のゆでたまごを作る
沸騰したお湯に常温のたまご2個を入れ6分ゆでたら
くつ
くつ
湯をきり冷水につけ殻をむく
耐熱容器に6等分に切ったじゃがいも（中）1個分と食べやすく切ったブロッコリー1/3房を入れ水大さじ1と一緒に600Wのレンジで4分加熱する
ふんわりラップ
きゅうり1/3本を輪切りにし塩で軽く揉み水けをきっておく
ボウルに牛乳大さじ2
マヨネーズ大さじ2
醤油小さじ2 塩ひとつまみ
コショウ少々を入れよく混ぜ
じゃがいもを加えて潰し他の材料も加えたまごを崩しながら軽く混ぜる

たまごポテサラ
完成!
ゴロゴロポテサラのお供はこちら!
ビールっっ
パクッ
ゴクゴク
ちょっと入れた醤油がいい味になるんだよね!
優しい味のポテサラがインパクトある味になる!
ブロッコリーやたまごのゴロゴロした食感も食べ応えあっていい!
ゴクゴクッ
宅飲み最高!

たまごポテサラ

材料（1人分）

たまご…2個
じゃがいも…中1個
ブロッコリー…1/3房
水…大さじ1
きゅうり…1/3本

●マヨネーズソース
牛乳、マヨネーズ…各大さじ2
醤油…小さじ2
塩…ひとつまみ
コショウ…少々

15 バイトで培ったコツを伝授！ だし巻きたまご

食堂のバイトでたまご焼き担当だった学生時代のおかげで
いらっしゃいませー
今でもだし巻きたまごには自信がある私
だし巻きたまごって日本酒にあうんだよね～
くぅ～
くいっっと
ボウルに水100㎖と白だし大さじ1 みりん小さじ2 和風だしの素小さじ1/3を入れよく混ぜる
そこにたまご3個を割り入れ調味料とよく混ぜる
シャカ
シャカッ
白身は箸できるように！
サラダ油大さじ1をしっかりたまご焼き器にまんべんなくひきそれと別に油を染み込ませたキッチンペーパーを用意しておく
中火にかけて卵液を半量流し入れスクランブルエッグを作るようにして半熟状態で奥に寄せる
キッチンペーパーで油をひきおたまで卵液を流し入れる…を繰り返す
気泡は箸で潰そう！
じゅわあああっ

だし巻きたまご

先にちょい飲みっと…
トク…トク…
大根おろしに醤油をかけて
完成!
ふわっ
じゅわっ
ふわふわのたまごからジュワッと出汁が出てくる感じがたまらない〜
いただきます…
ハァ〜!!
たまごと日本酒だけでこんなに幸せ…♪

だし巻きたまご

材料（作りやすい分量）

たまご…3個
水…１００ｍｌ
白だし…大さじ1
みりん…小さじ2
和風だしの素…小さじ1/3

サラダ油…大さじ1

大根おろし、醤油…各適量

きれいに巻けなかったら
アルミホイルで包んで
成形してしばらく
置くといいよ！

16 かたゆで派のあなたに たまごだけおでん

寒くなってきたなぁ
たっ たったっ
マルヤマスーパー
でもこんな日だからこそ食べたいアレの材料を買ってきたんだ!
ガチャっと
寒い日にこそ食べたいアレ…そう!
たまごだけおでん!
ふんぬ
おこたもセットオッケー!
カチッ
注 もちろん大根やはんぺんを入れても大丈夫です
やるぞー!っ
まずたまご2個を7分ゆでる
ぐっ
ぐっ
鍋に水300mlを中火にかけて沸騰させ 醤油大さじ1 みりん 酒 和風だしの素 各小さじ1を入れて混ぜる
グツッ
グツッ
そこに殻をむいたたまごを入れて弱火で10分煮る

たまごだけおでん!
完成!!
おでんにはやっぱり日本酒!
この間買ったおちょこ使おう!!
トク トク
ではではさっそくたまごを割り…
パカッ
からしをつけて…
ほかほか
んー!中までしっかり染みてるなぁ
もう1個はおでんの汁を吸わせて…と
ホロッ
ほぐほぐ
この黄身が溶け出した汁が日本酒にぴったりなんだよね…
ゴクゴク。
ゴクッ
ほぉ~
あったまる~

たまごだけおでん

材料（1人分）

たまご…2個
水…300ml
醤油…大さじ1
みりん、酒、和風だしの素
　…各小さじ1

からし…適量

大根とはんぺんを入れる場合（1人分）

作り方

1. 大根1/4本は皮を厚めにむいて、片面に包丁で1cmくらいの深さのバッテンを入れ、別の鍋で竹串がスッと入るまで下ゆでをする。
2. はんぺん1枚は半分に切る。
3. おでんのつゆに大根を入れて10分たったらゆでたまご、はんぺんを加えてさらに10分ほど煮る。

17 ゆでたまご入り★スペシャルミートローフ

ゴクッ
フゥー…
イルミネーションを見ながら飲む酒はうまい…
二十代中盤までは一人は寂しかったけど今では一人でも楽しめる…
昨年はクリスマスケーキ食べ比べした…
あとクリスマスは食いしん坊にとってはたまらないイベント！
たまご好きな私が特に大好きなのが
ゆでたまご入りミートローフ！
イルミネーションも楽しんだし、家でクリスマス楽しも！
たまご2個を熱湯に入れ5分ゆでる
あったかい…
ボウルに牛ひき肉150g
玉ねぎ（みじん切り）1/4個分
ミックスベジタブル大さじ3
ナツメグ
塩コショウ各ひとつまみを入れ
粘りが出るまでこねる
コネ
コネ

ラップに肉だねを半量のせ
ゆでたまごを並べ
上に残りの肉だねをのせ
くるっと巻いて形を作る
リボンでも
ただ巻くだけでも
耐熱容器に入れ電子レンジ600Wで
4分、上下をひっくり返して3分
チン!!
肉火が通ったらラップから
出して軽く焼き目をつける
パチ
パチ
じゅううぅっ
肉を取り出し そこにケチャップ・ソース各大さじ2
醤油小さじ1 粒マスタード・はちみつ各小さじ2
を入れ とろみがつくまで煮つめる
じゅわ〜〜っ
レンジでチンした時に
出てきた肉汁も活用しよう
ゆでたまご入りミートローフ
切り分けた
ミートローフに
かけて
完成!!
うん!
見た目も味もゴージャス!
肉汁と半熟卵が
からまって美味しい!
ワインにあう〜
最高のクリスマスだなぁ!

ゆでたまご入り ミートローフ

材料（作りやすい分量）

たまご…2個

●肉だね

牛ひき肉…150g

玉ねぎ（みじん切り）…1/4個分

ミックスベジタブル…大さじ3

ナツメグ、塩、コショウ

…各ひとつまみ

●ソース

ケチャップ、ウスターソース

…各大さじ2

粒マスタード、はちみつ

…各小さじ2

醤油…小さじ1

●つけ合わせ

レタス、プチトマト…各適量

18 体の芯から温まる 絶品黄身ダレ鍋

山形生まれの私ですが 極度の寒がりで コタツに入るのがデフォルトです
カタ カタ カタ
たっっ
さむっ
こんな日は…体の中から温かくしないと…
ズリ。。
でも凝った料理なんてしたくない…
キッチンは寒いし…
ズリ ズリ
そう!こんな日は 鍋だ!
お肉も野菜もすすむ
絶品たまごダレ鍋!
玉ねぎのすりおろし大さじ3 しょうが・にんにくのすりおろし各小さじ1 豆板醤・めんつゆ各大さじ2 白すりごま大さじ1を混ぜる
しゃかしゃか
そこにたまごの黄身を落とし 万能ねぎと白いりごまを少量ふって
ぽとっ
パラ パラ
白身は次に使えるよ!!

黄味ダレ完成!!
黄身は食べる直前に割ってね!
鍋の具は何でもいいんだけど
オススメはこれ!
水菜
白菜
豚肉
豆腐
スープは水炊きや鶏出汁などがオススメ!
火が通るまで煮る
ピーッ
日本酒をくぴっと
できたら
ゆっ
ぶわっ
具にタレをつけて
は
ゆっ

トロッ
いただきます！
ぱくっっ
もんぐもんぐ
コクうま～！
たまごを入れると
まろやかさや
旨味が出て
具に絡みやすく
なるんだよね
そして〆にはタレと
ご飯と余った白身を
入れて…
絶品ピリ辛
たまご雑炊に！
お肉や魚のソースにも
使えるので
色々試してみてね！
あっ
あっ

絶品黄身ダレ鍋

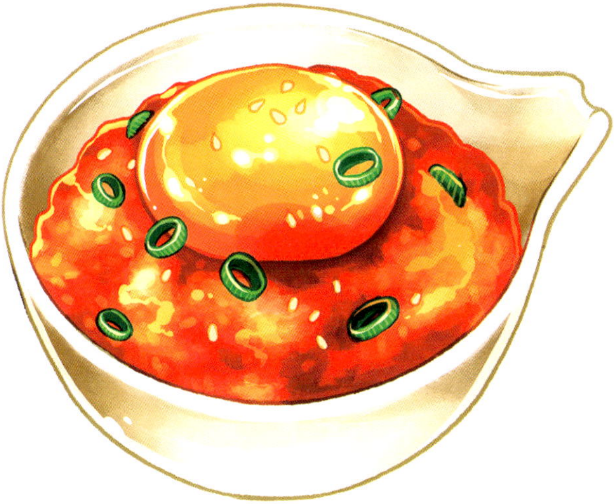

材料（1人分）

●タレ

たまごの黄身…1個分
玉ねぎ（すりおろし）…大さじ3
豆板醤、めんつゆ（ストレート）
…各大さじ2
白すりごま…大さじ1
しょうが、にんにく（すりおろし）
…各小さじ1
万能ねぎ（小口切り）…適量
白いりごま…適量

●鍋の分量のめやす

市販の鍋スープ（水炊きや鶏だしなど）
…400ml
白菜（そぎ切り）…1～2枚
水菜（ざく切り）…50g
豚薄切り肉（バラ、ももなど）…100g
木綿豆腐（ひと口大に切る）…1/4丁
などなど、お好みの具材をお好きなだけ！

たま卵《らん》ごはん

第4章

おうちにある材料で！

世界の たまごレシピ

OHITORIBUN
KANTAN RECIPE
TAMARAN
GOHAN

19 おうちでインスタ映え！ エッグベネディクト

自由が丘、中目 おしゃれカフェ10選
わぁ〜オシャレ〜
ほう…
こんなところでランチしてみたいな…
TOKYOグルメ
でも動きたくない着替えたくない…
ゴロ ゴロ
ということで…
ムク…
おうちカフェで！オシャレたまご料理をしよう！
卵黄1個分とマヨネーズ大さじ1を混ぜる
この白身は今回は使いません
溶かしたバター20gを少量ずつ加え混ぜ合わせ
シャカ シャカ
レモン汁小さじ1と塩ひとつまみを入れ調味したら
オランデーズソースの出来上がり！
おいし〜

ポーチドエッグを作る
水800㎖を沸騰させ
酢を大さじ2入れる
ぐつぐつ
湯を箸でクルクルと混ぜ
うずを作りたまご1個を
中心に割り入れる
ぽとっ
2分程度ゆで固まったら
穴じゃくしですくい
ほてっ
冷水に入れる
つるんっ
フライパンで厚切りベーコン
2枚をこんがりと焼く
じゅーつゃ〜〜
パチ
パチ
イングリッシュマフィン1枚
を半分に切りトーストする
ぱかっ

マフィンにベーコンとポーチドエッグをのせてオランデーズソースをかける
とろぉぉ
つけ合わせを添えて
エッグベネディクト
完成!
ここだけ見たらオシャレ~
ごちゃっ
いただきます!
ぷつ‥
とろぉ~…

あー
とろ～っ
んっ!
もぐもぐもぐ
エッグベネディクトは
オランデーズソースと
たまごがダブル濃厚で
たまらないいんだよね…
ちょっと
はちみつを
かけてみようかな…
ナイス
アイデア!!
おいし～
おうちカフェは
自分で自由に味付け
できるから最高～

エッグベネディクト

材料（1人分）

たまご…1個
厚切りベーコン…2枚
イングリッシュマフィン…1枚
水…800ml
酢…大さじ2

●オランデーズソース

卵黄…1個分
マヨネーズ…大さじ1
溶かしバター…20g
※600Wのレンジで30秒ほど加熱
レモン汁…小さじ1
塩…ひとつまみ

●つけ合わせ

ベビーリーフ、プチトマト…各適量

20 ふわふわ&ジューシー♪ 台湾風たまご餃子

カチッ
あっ！お昼！
今日は大好きな餃子にするんだ～
よーし！まずは～…んん？
カパっと
え
餃子の皮がない
作れないじゃ～ん
ペタン…
お腹も心も餃子一色なのに…
グウ～
はっ
この間台湾の友達に教えてもらったアレを作ってみよ！
まずタネを作る 白菜1枚をみじん切りにしてボウルに入れて塩小さじ2を加え水をぎゅーぎゅー絞る
ギュ～
ここに豚ひき肉50g 塩・コショウ各小さじ1/2 片栗粉小さじ2を加え粘り気が出るまでこねる
こねっ
こねっ
皮を作る 片栗粉大さじ1/2と水大さじ1を混ぜたまご2個と混ぜる
シャカ
シャカ

フライパンにサラダ油を熱し
卵液大さじ1を流し入れて
表面が乾かないうちに
タネをのせて折りたたむ
パチ
パチ
一度取り出して
フライパンに
レタスの葉を2枚しいて
そこに餃子を並べて
弱火で10分焼く
じゅううう
お皿に盛りつけ
たまご餃子
完成!!
小さいオムレツみたいで
可愛い!
パクッ
ふわっとした生地に
ジューシーなお肉!
新しい餃子だ!
普通の皮より
こっちがスキかも～
たまごだし…

台湾風たまご餃子

材料 （1人分）

●皮

たまご…2個
水…大さじ1
片栗粉…大さじ1/2

●タネ

白菜…1枚
塩…小さじ2

豚ひき肉…50g
片栗粉…小さじ2
塩、コショウ…各小さじ1/2

サラダ油…大さじ1/2
レタス…2枚

21 しゃきしゃき野菜たっぷり バインセオ風たまご焼き

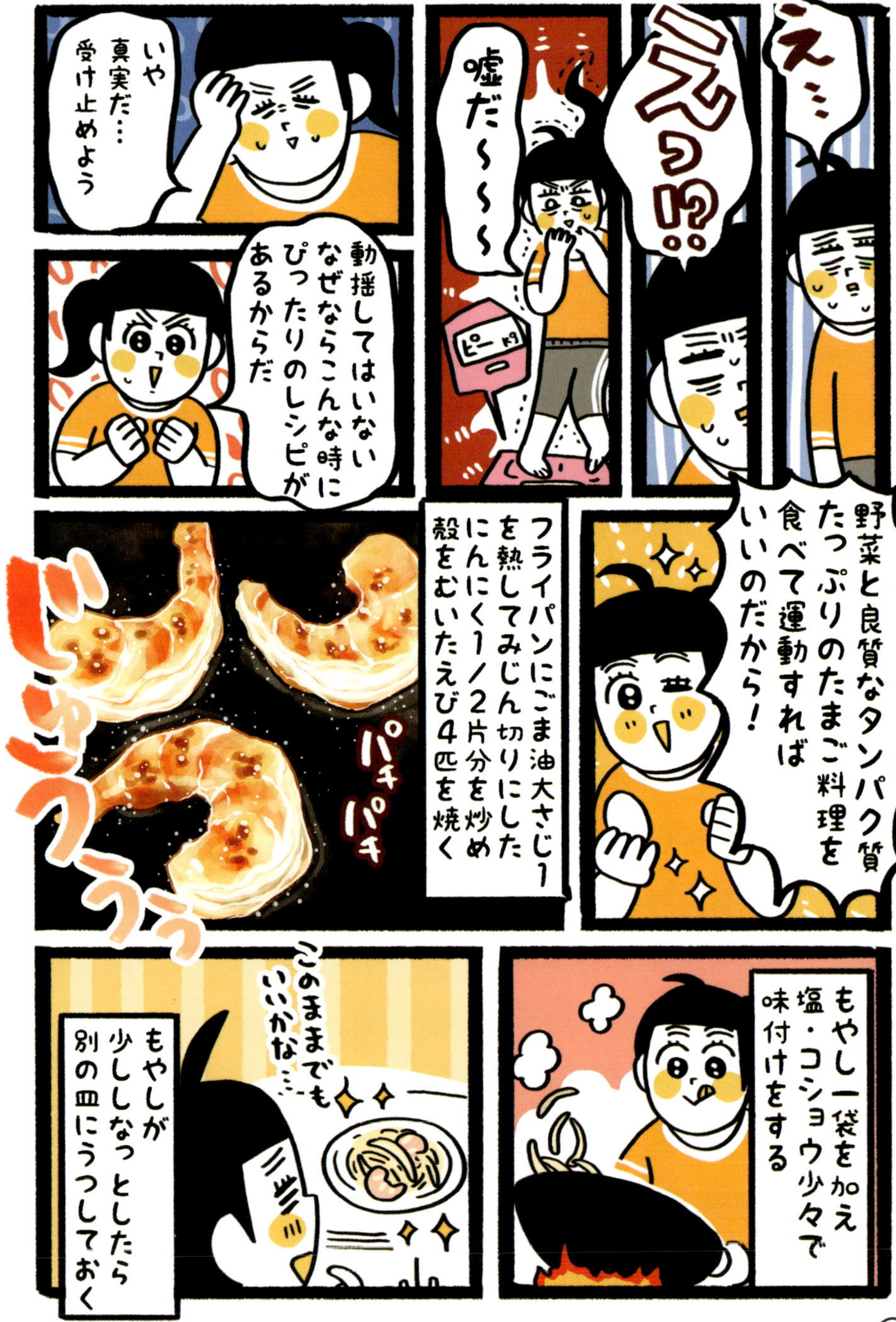

え…
えっ!?
嘘だ〜〜〜
いや 真実だ… 受け止めよう
動揺してはいない なぜならこんな時にぴったりのレシピがあるからだ
野菜と良質なタンパク質たっぷりのたまご料理を食べて運動すればいいのだから!
フライパンにごま油大さじ1を熱してみじん切りにしたにんにく1/2片分を炒め殻をむいたえび4匹を焼く
パチパチ
じゅううう
もやし一袋を加え塩・コショウ少々で味付けをする
このままでもいいかな…
もやしが少ししなっとしたら別の皿にうつしておく

ボウルにたまご2個を割り入れ 片栗粉大さじ1 塩ひとつまみ ナンプラー小さじ1／2 カレー粉少々を加え混ぜ ごま油大さじ1を熱したフライパンで薄焼きにする
じゅわあああっ
片側にもやしとえびをのせる
半分に折りパクチーをたっぷり添えて小口切りにした唐辛子をのせて
パクチー好き…
バインセオ風卵焼き
完成！
おいしそー！野菜たっぷりでヘルシー！
そしてボリューミー 食いしん坊にはこれ大切！
ん～～
スパイシ～
ベトナム人のハーフの友達から教わったんだけど あの子のスタイルがいい理由がわかったなぁ
戻った…

バインセオ風たまご焼き

材料（1人分）

たまご…2個
片栗粉…大さじ1
ナンプラー…小さじ1/2
塩…ひとつまみ
カレー粉…少々
ごま油…少々

●具
えび（殻をむく）…4尾
もやし…1袋
ごま油…大さじ1
にんにく（みじん切り）…1/2片
塩、コショウ…各少々

●つけ合わせ
パクチー…たっぷり
唐辛子（小口切り）…少々

AYA's MEMO

ゆで卵をむくコツ

ゆでる前の生たまごのお尻に
がびょうなどで穴を開けると
つるんとむけるよ！
100均で売ってる
穴あけ器（P105参照）が
あるとラクチン♪

たま卵《らん》ごはん

第5章

からだにやさしい！

ふわふわ
たまご料理

OHITORIBUN
KANTAN RECIPE

TAMARAN
GOHAN

22 栄養たっぷり！茶碗蒸し

ゴホッ
軽く喉風邪っぽいな…
ガチャ
何か栄養があってするっと入るもの食べて休もう
そうだアレにしよう…
まずはうがい手洗い…
ガラ
ガラ
トロォ〜
たまご1個 だし汁200mℓ
醤油・みりん各小さじ1／2
を混ぜて茶こしでこす
鶏ささみ1／2本と
しいたけ1／2枚を
食べやすいサイズに切る
トン
トン
耐熱容器に卵液を入れて
具を上にそっとのせる
6cm
8cm
フライパンにキッチンペーパーを
しき器の1／3くらいの高さの
水を張る

キッチンペーパーをかぶせ
中火で加熱し 沸騰したら
弱火にして5分蒸す
卵液が固まったら
むきえびと三つ葉を入れる
弱火で4分蒸す
茶碗蒸し
完成!!
一人で
大きい茶碗蒸し…
弱火と中火の火加減で
生み出されたこのプルプル…
つるんっ
たまごは栄養の塊だし
消化にもいいし
あとはゆっくり休もう~

茶碗蒸し

材料 (1人分)

たまご…1個
だし汁…200ml
醤油、
みりん…各小さじ1/2

●具
鶏ささみ…1/2本
しいたけ…1/2枚
むきえび…1尾
三つ葉(あれば)…少々

23 胃腸にやさしい トマたま雑炊

む…
胸やけ…
昨日の飲み会からのシメのラーメンが原因か…
ぷはっ
ズズ
でも
食欲はあるんだよね…
グウ〜〜〜
さっぱりして食べやすいもの作って食べよ〜
鍋にご飯茶碗1杯分 水100㎖トマトジュース200㎖ざく切りにしたトマト1/3個分を入れて煮る
クツ
クツ
トマトの皮がめくれてきたら溶きたまご1個分を
鍋に回し入れて軽く混ぜ蓋をして3分放置する
クツ…
クツ…
トロォ〜

トマたま雑炊
完成!
トロ
火を止めてからたまごを入れると火が入りすぎなくてふわふわになるんだよね〜
ふーふー
ふーー
パク
んー
ん♡
トマトの酸味とたまごのまろやかさがマッチしてて美味しい〜
体にいいことしてるわ〜
数時間後…
胸やけ治った!
ホッ

トマたま雑炊

材料（1人分）

溶きたまご…1個分
ご飯（冷たくてもOK）…茶碗1杯分
トマトジュース…200ml
水…100ml
トマト（ざく切り）…1/3個
万能ねぎ（小口切り）…適量

胸やけのないときは
粉チーズやタバスコを
ふるのもおすすめ！

24 ひとり分土鍋であつあつ♪ たまごふわふわ

ん?
一人前の土鍋! ここにあったのね
いつも大きいのしか使わないから持ってたの忘れてた…
TAMAGO
よし! この土鍋を使って「たまごふわふわ」を作るぞ!
うふふ…
たまごふわふわとは!?
静岡県袋《ふくろ》井《い》市《し》のB級グルメ!
江戸時代 新撰組の近藤勇が袋井宿に泊まった時必ず食べていたそう…
へー! 美味しそう…
歴史好き
歴史トリビア

昔は高級品だった
たまごを
江戸時代の値段で
1個20文（約400円）
メレンゲにして
だし汁でのばして
1品料理にしてたんだって
スリスリ
昔の人の知恵って
スゴい！
私も大切に食べよっと
材料はこれだけ！
水
たまご1個
めんつゆ
だし
酒
グツ
水300ml 酒大さじ1
和風だしの素小さじ1
めんつゆ小さじ3を
土鍋に入れ煮立たせる
グツ
ボウルに卵白1個分を入れ
ハンドミキサーでツノが
立つくらいのメレンゲを作る
ふんっ!!
そこに卵黄1個分を加えて手早く
混ぜて土鍋に流し入れる
とろ〜!!

あれば三つ葉をのせ
蓋をして
弱火で2分蒸す
たまごふわふわ
卵が固まったら
完成!
ゴキュ…ッ
ぷ
ゆっ
ふるっっっ
ふわっふわ!
口の中で溶けた!
しゅわっと!!!
体調悪い時も
食べられそう~
これが近藤局長の
愛した味か~
じーーんっ

たまごふわふわ

材料 (1人分)

たまご…1個
めんつゆ(ストレート)…小さじ3
水…300ml
酒…大さじ1
和風だしの素…小さじ1
三つ葉(あれば)…少々

冷めると縮んじゃうので
できたてを
すぐに食べてね

25 眠れない夜には エッグノッグ

パァー
今日はいつもより早く仕事終わったから本読んだり好きなことができる〜
パラ…
ゴロゴロ
え！もうこんな時間！？
明日も早いし寝なきゃ！
ギンッ
目がさえて眠れない…
こんな時はあったか〜い物を飲んだらスッ…っと眠れたりするんだよね
たまご1個とグラニュー糖大さじ1を白っぽくなるまで混ぜる
シャカッ
シャカッ
そこに牛乳150mlとバニラエッセンス数滴を入れ混ぜる

卵液を鍋に入れ
ゴムベラなどで
混ぜながら弱火にかける
コト。
コト。。
沸騰させないように
して もったりして
きたら火を止める
マグカップにウイスキー
小さじ1を入れ 上から卵液を
注いで混ぜシナモンをふる
トクトク
エッグノッグ
完成!!
ゴク
はぁ～
ふわふわトロトロ…
身体の芯からあったまるなぁ
アルコールなしだと
ミルセーキになって
昼間の休憩タイムにも
ぴったりなんだ…
はぁぉ～
ゆっくり眠れそう～

エッグノッグ

材料 （1人分）

たまご…1個
牛乳…150ml
グラニュー糖…大さじ1
バニラエッセンス…数滴
ウイスキー…小さじ1
シナモン…少々

ラム酒やブランデー、
甘酒も合います！
お好みのお酒で
作ってみてね

TAMARAN COLUMN-3

たま卵コラム

オススメたまごグッズ

大好きなたまごをラクに調理しておいしく食べたい！
そんな時のために、私が活用する
オススメたまご調理グッズを3つご紹介します。
ぜ～んぶ100円ショップで買えるのもうれしい♪

たまごのプッチン穴あけ器
（ダイソー）

たまごをのせて押すと、小さい穴があいて
ゆでたまごの殻がむきやすくなります。
本当に「つるり～ん」とむけて気持ちいい♪
これを買ってから、ゆでたまごの殻むきが
大好きになりました！

エッグタイマー
（キャンドゥ）

たまごをゆでるとき、一緒に鍋に入れると
固ゆで、半熟、半生それぞれの固さを
色で教えてくれます。
自分好みの加減にしっかり仕上がります！
ころんとした見た目もかわいい♡

レンジで簡単！温泉たまご
（ダイソー）

たまごを割り入れて、卵黄に穴をあけて
レンジで加熱すると、
とろとろの温泉たまごが簡単にできます。
これを買ってから何にでも温泉たまごを
入れたくなります！

たま卵《らん》ごはん

第6章

難しいことぬき！
テク不要の
とろけるスイーツ

OHITORIBUN
KANTAN RECIPE
TAMARAN
GOHAN

26 フライパンですぐできる！ カスタードプリン

ウィーーー
コンビニにくると何か買ってしまうから気をつけなきゃ…入金入金
キリッ
その10秒後ミ
わっ！プリン！
あぁ〜トロトロ系しかないのか…
昔ながらのプリンが食べたいなぁ…
少し固さのあるやつ…
よし！帰って作るか！
あ…入金っ
ボウルにたまご1個を割り砂糖大さじ1と1/2を加え滑らかになるまで混ぜる
シャカシャカッ
不器用にはこの工程が難問だったりする…
牛乳120mlを入れ茶こしでこす
こさなくてもいいけど滑らかさが違うんだよね

カラメルを作る
耐熱容器に砂糖大さじ1と水小さじ1を混ぜ600W2分加熱する
ドキドキ…
ブーン…
色が薄かったら10秒ずつ追加！
このくらい!!
水を小さじ2入れて冷ます
はねるので注意してね
うっ
カラメルを張った器に卵液を流し
とろー
1/3くらいの高さに水を入れフライパンに置く
キッチンペーパーをかぶせ沸騰しないような火加減で7分
固まったら冷蔵庫で冷やす
パクッ…
お皿にひっくり返して
カスタードプリン
完成！
今回はホイップクリームやチェリーをのせてみました！懐かしさ倍増～
しっかりめのプリンとほろ苦カラメルのマッチは最高…
ペロリ…
次は倍作るぞ！

カスタードプリン

材料（1人分）

たまご…1個
牛乳…120ml
砂糖…大さじ1と1/2

●カラメル
砂糖…大さじ1
水…小さじ1+小さじ2

●トッピング（あれば）
ホイップクリーム…適量
チェリー（シロップ漬け）…1粒

フライパンに張った
水は沸騰させないように！
沸騰させると「す」が
立ってしまうよ

27 冷蔵庫にある材料で作れる なつかしのアイスクリーム

冬だなぁ…
ぶるっ
冬といえば
アイス！
こたつに入りながら アイスを食べるのって 幸せだよね…
つめたーい あたたかーい
でも体型も 気になっちゃうのが アラサーの悲しい運命《さだめ》…
でも食べたい…
どうしても… なんとしても…
そんなわけで 冷蔵庫の材料で ヘルシーアイス！
たまご1個と 牛乳400mℓと 甜《てん》菜《さい》糖《とう》80g をしっかり混ぜる
※甜菜糖がない場合白砂糖でも可能です
甜菜糖は白砂糖と 違って体を冷やさないし 血糖値の上昇が緩やかなので 肥満防止やダイエットに 効果的だよ！
卵液を 鍋に移し、弱火で 沸騰しないように 混ぜながら煮る

とろみがついたら火を止めてバニラエッセンス3～4滴をたらす
くっくっ
とろみ加減はクリーム系のスープのイメージで！
粗熱を冷まし保存容器に液を入れて冷凍庫で5～6時間冷やす
なつかしのアイスクリーム
完成！
いただきます
んー！さっぱりだけど卵のコクがあって食べ応えある～
えっへん
生クリームも白砂糖も使ってないから罪悪感なし！
ぬくっ
ぬくっ
幸せ～

なつかしのアイスクリーム

材料（作りやすい分量）

たまご…１個
牛乳…４００ｍｌ
甜菜糖…８０ｇ
（白砂糖でも可）
バニラエッセンス
…３～４滴
ミント（あれば）
…少々

ヘルシーアイス もう一品（１人分） 作り方

1. 豆腐１００ｇをペーパータオルに包み、レンジで２分加熱し、水きりをして粗熱を冷ます。
2. 保存袋に1、牛乳５０ｍｌ、はちみつまたは人工甘味料大さじ３、卵黄１個分、バニラエッセンス３滴を入れて、袋の上からしっかりともむ。
3. 豆腐の風味が気になる場合はココアまたはブランデー少々を加えてさらにもんで、冷凍庫で５～６時間冷やし固める。

28 一晩寝かせて幸せおやつ♪ カステラ

あ…もうこんな時間…
3時のおやつタイムじゃん!
ん
ばっ
カパ
実は昨日作っておいたんだ〜
カステラ!
カステラって難しいイメージがあるけど3つのポイントを抑えれば成功する確率がグンっと上がるのです!
ポイント①
強力粉をふるう
たまご4個を黄身と卵白にわける
オーブンを180℃に余熱
ブーン
卵白をハンドミキサーでツノがたつまで混ぜる
べんりー
らくー

黄身を加えて切るように混ぜる
そこに砂糖100g ふるった強力粉 みりん大さじ2 はちみつ大さじ1を加えてそのつど切るように混ぜる
さっくりさっくり
混ぜる!
18cm四方の型にクッキングシートを敷き
ザラメ大さじ1をふって上から液を流し入れる
ポトッ。。
ポイント②
生地に「井」を6回書く
ポイント③
180℃で10分 150℃で30分焼く
この手間が大事…
焼きあがったらラップに包み一晩寝かせる
冷蔵庫に入れる前にひと口…っと

一晩寝かせた
カステラを…
カステラ
完成!
よし 切るぞ!
できた!
んー!ふかふかでしっとり!
できたてをつい食べちゃったけど
やっぱりカステラは一晩寝かせないと
だよね!
ゴク。。。
はふぅ…
幸せ…
おやつタイム…

カステラ

材料 (作りやすい分量)

たまご…4個
強力粉…100g
砂糖…100g
みりん…大さじ2
はちみつ…大さじ1
ザラメ…大さじ1
※ザラメはなくても作れますが、あった方がおいしいです

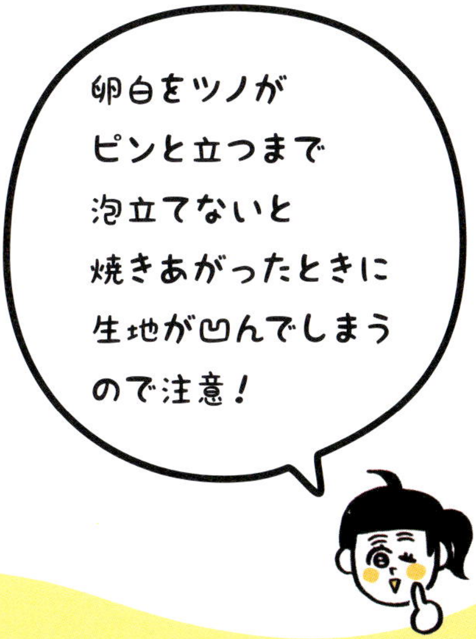
卵白をツノがピンと立つまで泡立てないと焼きあがったときに生地が凹んでしまうので注意！

29 可愛くデコして♪ イースターエッグ蒸しパン

たまごが立つように
アルミホイルで台を作る
パッパパーン
キッチンペーパーを敷いた
フライパンにアルミホイルの台と
たまごをのせ たまごが
半分くらいつかるまで水を入れ
フタをして中火で
10分から15分蒸す
火がしっかり通ったら
冷ましてたまごの
表面に模様を描いて
殻の上半分をむく
パリパリ
イースターエッグ蒸しパン
アーモンドやチョコ
ペンで動物に見立て
完成!!
カワイー
しっとりふわふわふわ〜
カロンは食べられないよ!

イースターエッグ蒸しパン

材料（4個分）

●たまごの殻カップ

たまご…4個分

●蒸しパン生地

たまごの中身…1個分

ホットケーキミックス…200g

牛乳…150ml

はちみつ…大さじ1

●デコレーション

アーモンド…適量

チョコペン…適量

使わなかった
たまごの中身3個分は
だし巻きたまご(P63)に！

30 バナナの甘みで満足度100% バナナパンケーキ

ただいまー！
おやつはパンケーキ
おやつはパンケーキ
フルーツをたっぷりのせた
パッ
パンケーキッ
ま…まさか…
ホットケーキミックスがない…
ガーン
ガタガタ
小麦粉もない…
気持ちはパンケーキなのに～
これでどうにか作れるかな…
バナナ3本とたまご2個片栗粉大さじ1を混ぜる
バター10gを熱したフライパンに流し入れて
じゅゅゅ～
焦げやすいから注意だよ！

たまごバナナパンケーキ
完成!
苺やバナナが
なかったら
卵焼きっぽい
見た目だけど
ごまかせた…
パク
たまごのふわふわと
バナナの甘みが
優しい～
んパァーー!!
小麦粉入ってないから
ダイエットにも
いいかもだな～
たまには…
モグモグ
買い物忘れも
いいかもね!なんて!

バナナパンケーキ

材料（1人分）

バナナ…3本
たまご…2個
片栗粉…大さじ1
バター…10g

バナナは熟れたもののほうがオススメ。焦げやすいので弱火でじっくりと焼いてね。

●トッピング

いちごやバナナ（食べやすく切る）…各適量
チョコレートソース…適量
ミント（あれば）…少々

万能ねぎ……42, 72, 95
プチトマト……69, 78
ブロッコリー……60
ベビーリーフ……78
ほうれん草……28, 47
水菜……72
ミックスベジタブル……17, 69
三つ葉……14, 92, 98
ミント……111, 121
もやし……86
レタス……10, 17, 20, 69, 83

【果物類】

いちご……121
チェリー……108
バナナ……121

【乳製品】

牛乳……23, 28, 51, 60, 102, 108, 111, 118
粉チーズ……28, 34
ピザ用チーズ……28
ホイップクリーム……108

【その他】

アーモンド……118
カリカリ梅……10
刻みのり……31
強力粉……114
ごま……72
ゼラチン……57
チョコペン……57, 118
天かす……42
豆腐……72, 113
トマトジュース……95
はんぺん……68
ホットケーキミックス……118
焼きのり……20

INDEX

たまご以外の主材料から
料理が引けるさくいんです。

【ご飯・パン・めん】

イングリッシュマフィン……78
ご飯……14, 17, 20, 42, 95
米……10
食パン……23, 28, 48
スパゲッティ……34
冷凍うどん……31

【肉類】

ソーセージ……17, 54
鶏肉……14, 92
豚肉……39, 72
ハム……23
ひき肉……20, 69, 83
ベーコン……28, 34, 51, 78
焼き鳥の缶詰……42

【魚介類】

えび……86, 92
サーモン……38
ちりめんじゃこ……10
ツナ缶……48
明太子……31

【野菜類】

アスパラガス……39, 54
キャベツ……39, 57
きゅうり……60
小松菜……47
しいたけ……92
しめじ……28
じゃがいも……39, 60
しょうが……72
ズッキーニ……38
大根……68
玉ねぎ……14, 69, 72
トマト……17, 95
長芋……31
長ねぎ……43
にんにく……39, 72, 86
白菜……72, 83
パクチー……86

OHITORIBUN
KANTAN RECIPE

TAMARAN GOHAN

STAFF

ブックデザイン
千葉慈子（あんバターオフィス）

DTP
小川卓也（木蔭屋）

校正
齋木恵津子

編集長
山﨑 旬

担当
佐藤杏子

本書は『レタスクラブ』（2018年9月号～2019年6月号）および『レタスクラブニュース』（2018年9月～2019年4月）に掲載された『たま卵ごはん おひとりぶん簡単レシピ』の内容を改訂し、描き下ろしを加えたものです。

たま卵《らん》ごはん
〜おひとりぶん簡《かん》単《たん》レシピ〜

2019年5月31日　初版発行

著者　杏《あ》耶《や》

発行者　川金正法

発行　株式会社 KADOKAWA
〒102-8177　東京都千代田区富士見2-13-3
☎0570-002-301（ナビダイヤル）

印刷所　凸版印刷株式会社

お問い合わせ
https://www.kadokawa.co.jp/（「お問い合わせ」へお進みください）
※内容によっては、お答えできない場合があります。
※サポートは日本国内のみとさせていただきます。
※Japanese text only

定価はカバーに表示してあります。

ISBN 978-4-04-065369-3 C0095

KADOKAWAのコミックエッセイ!

●定価1100円(税抜)

不器用な私が家族を笑顔にする魔法のレシピを作れるようになったわけ
たっきーママの人生を変えたレシピ

原作 奥田 和美　漫画 山本 あり

超人気料理ブロガー たっきーママこと奥田和美さん。
働きながら二人の息子を育て、毎日の家事に奮闘する日々の中から生まれた簡単でかつ美味しいレシピは、育児や仕事で忙しい多くの読者に支持されています。 そのレシピが生まれたエピソードを、コミックエッセイに!
結婚、出産後、奥田さんが直面した「お米をまったく食べてくれない長男…。離乳食が進まない…」問題に始まり、「仕事復帰で朝晩は戦場…。」など実生活に根差したエピソードと共に、本当に使えるレシピを紹介。

●定価1100円(税抜)

おひとりさまのゆたかな年収200万生活2

おづ まりこ

わたしの年収200万生活に、さらに磨きをかけて。
年収約200万円の派遣OLだったおづまりこが描く『おひとりさまのゆたかな年収200万生活』第2弾!
限られた生活費をやりくりしながら楽しい気持ちで満たされる
おひとりさまの生活を描いたコミックエッセイ。
新生活におすすめの一冊です。

●定価1000円(税抜)

ひとりぐらしこそ我が人生

カマタミワ

ますます勢い加速! 生きるのが楽しすぎる、ひとりぐらしの日々!!
アメブロで大人気! 「半径3メートルのカオス」著者・カマタミワのザツだけど楽しくて仕方がない一人暮らしコミックエッセイ第4弾!
空気清浄機が自分にやたら反応して動き出したり、追い抜こうとした犬が歩くスピードに合わせて戸惑ったりと、ひとりを毎日エンジョイしてます。
役に立つズボラ一人暮らしテクなど描きおろしも大量!!